Impressum
Verlag: BABADADA GmbH, Nedderfeld 112 , 22529 Hamburg
Geschäftsführer / Verlagsleitung: Harald Hof
Druck: Books on Demand GmbH, In de Tarpen 42, 22848 Norderstedt

Imprint
Publisher: BABADADA GmbH, Nedderfeld 112 , 22529 Hamburg, Germany
Managing Director / Publishing direction: Harald Hof
Print: Books on Demand GmbH, In de Tarpen 42, 22848 Norderstedt, Germany

skola
škola

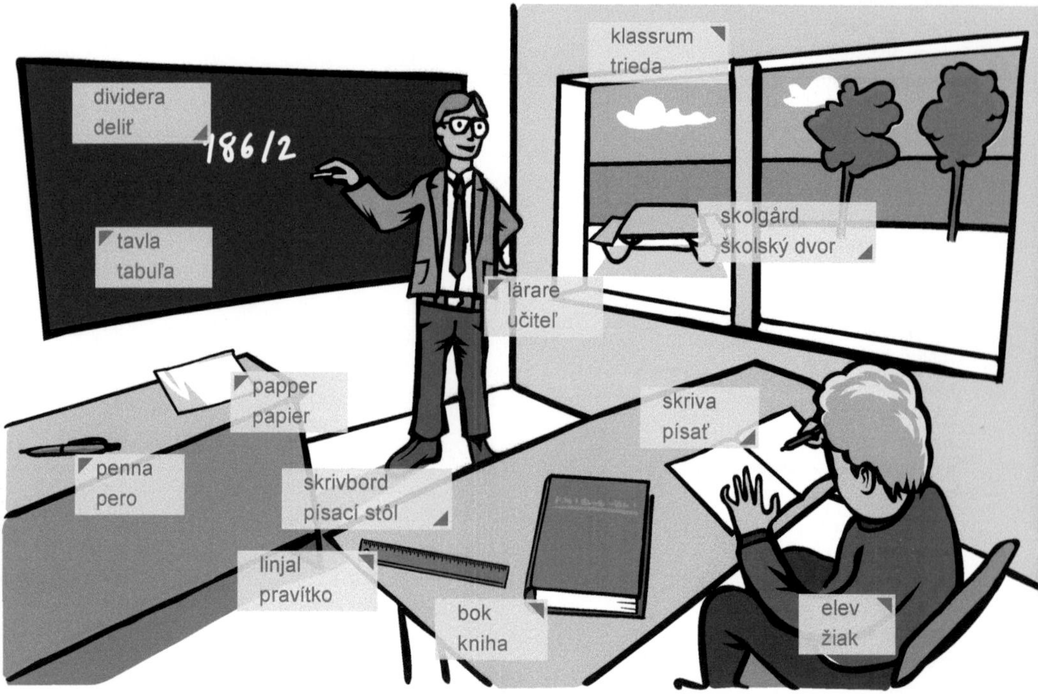

klassrum
trieda
dividera
deliť
186/2
tavla
tabuľa
skolgård
školský dvor
lärare
učiteľ
papper
papier
skriva
písať
penna
pero
skrivbord
písací stôl
linjal
pravítko
bok
kniha
elev
žiak

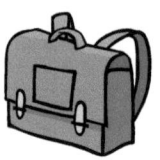

skolväska

školská taška

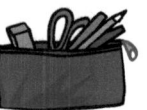

pennfodral

peračník

blyertspenna

ceruza

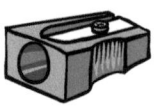

pennvässare

strúhadlo na ceruzky

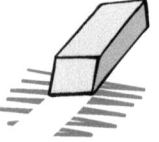

suddgummi

guma

ritblock

skicár

teckning
kresba

pensel
štetec

målarlåda
vodové farby

sax
nožnice

lim
lepidlo

övningsbok
cvičný zošit

hemläxa
domáca úloha

12

tal
číslo

2+2

addera
sčítať

5-2

subtrahera
odčítať

2×2

multiplicera
násobiť

räkna
počítať

A

bokstav
písmeno

ABCDEFG HIJKLMN OPQRSTU VWXYZ

alfabet
abeceda

hello

ord
slovo

text
text

läsa
čítať

krita
krieda

lektion
hodina

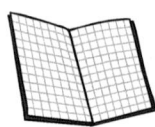

register
triedna kniha

prov
skúška

intyg
certifikát

skoluniform
školská uniforma

utbildning
vzdelanie

uppslagsverk
encyklopédia

universitet
univerzita

mikroskop
mikroskop

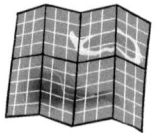

karta
mapa

papperskorg
kôš na papier

resa
cesta

hotell
hotel
Grand
vandrarhem
nocľaháreň
ROOMS
växelkontor
zmenáreň
CHANGE
resväska
kufor
bil
auto

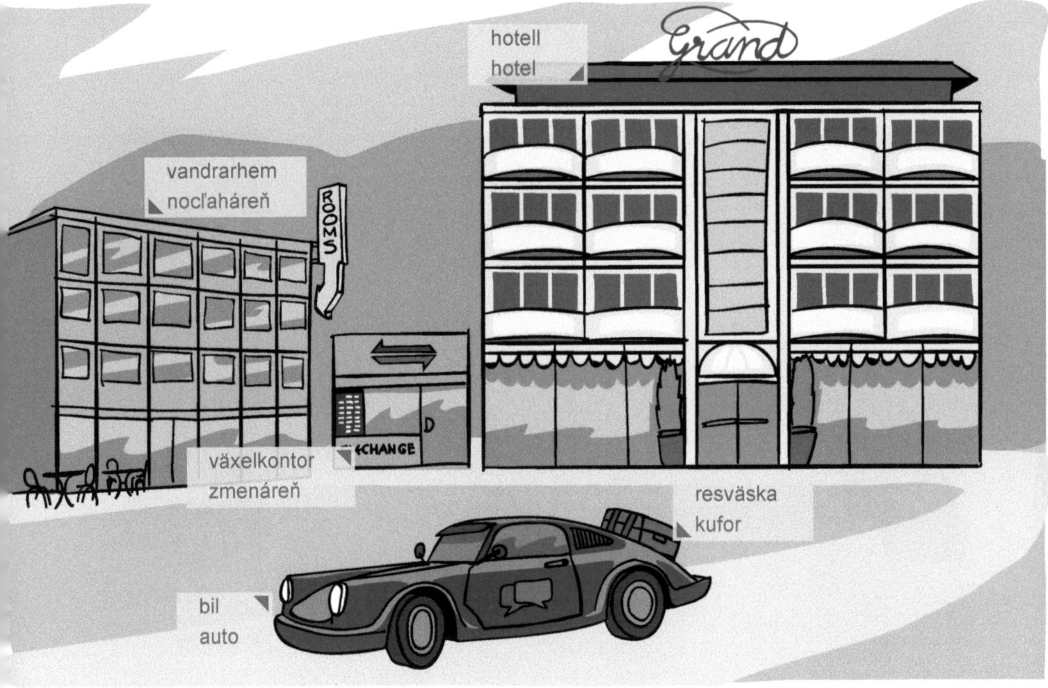

språk
jazyk

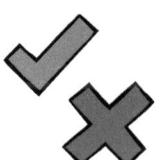

ja / nej
áno/nie

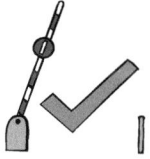

Okay
v poriadku

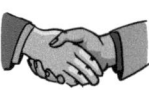

hej
ahoj

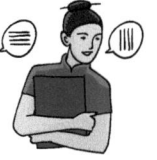

översättare
prekladateľ

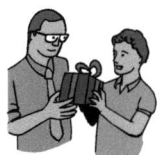

Tack
ďakujem

hur mycket kostar…?

Koľko stojí … ?

jag förstår inte

Nerozumiem

problem

problém

God kväll!

Dobrý večer!

God morgon!

Dobré ráno!

God natt!

Dobrú noc!

hejdå

Dovidenia

riktning

smer

bagage

batožina

väska

taška

ryggsäck

batoh

gäst

hosť

rum

izba

sovsäck

spacák

tält

stan

turistinformation

informácie pre turistov

strand

pláž

kreditkort

kreditná karta

frukost

raňajky

lunch

obed

middag

večera

biljett

cestovný lístok

hiss

výťah

frimärke

poštová známka

gräns

hranica

tull

clo

ambassad

veľvyslanectvo

visum

vízum

pass

cestovný pas

transport
doprava

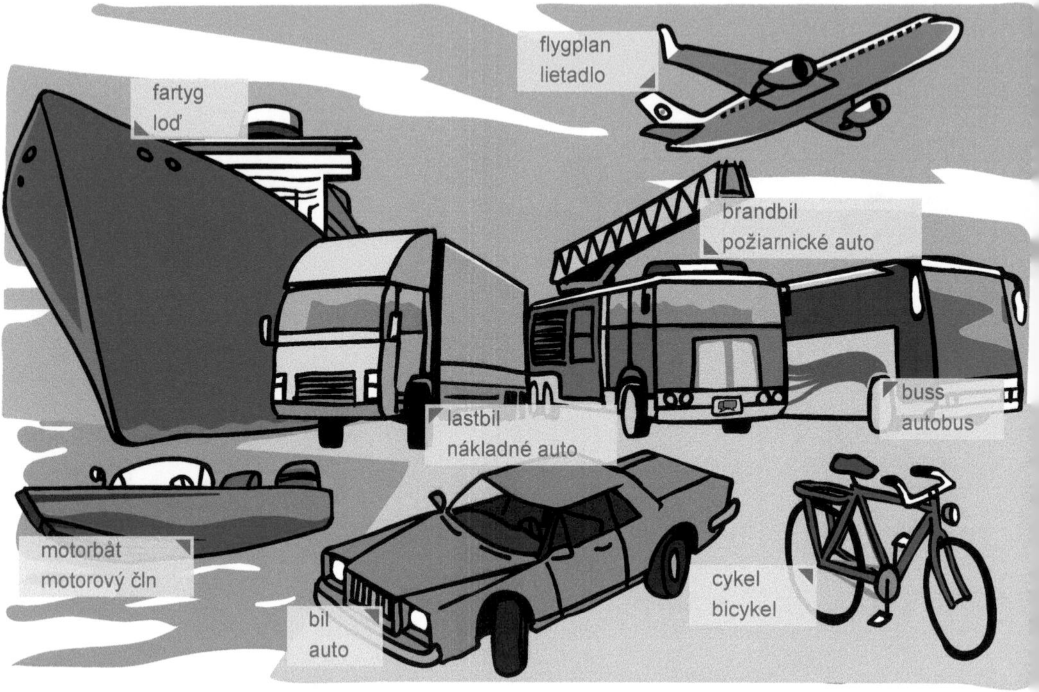
flygplan
lietadlo
fartyg
loď
brandbil
požiarnické auto
buss
autobus
lastbil
nákladné auto
motorbåt
motorový čln
cykel
bicykel
bil
auto

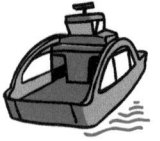

färja

trajekt

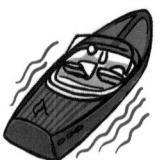

båt

loď

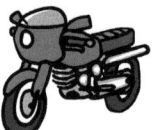

motorcykel

motorka

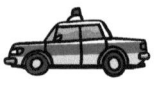

polisbil

policajné auto

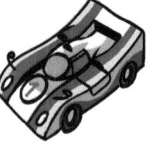

racerbil

pretekárske auto

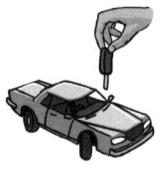

hyrbil

vozidlo z požičovne

bilpool

carsharing

bärgningsbil

odťahové auto

sopbil

smetiarske auto

motor

motor

bränsle

benzín

bensinstation

čerpacia stanica

vägmärke

dopravná značka

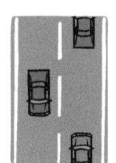

trafik

premávka

bilkö

zápcha

parkeringsplats

parkovisko

tågstation

vlaková stanica

räls

trate

tåg

vlak

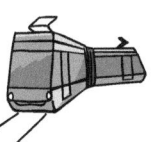

spårvagn

električka

vagn

vagón

transport - doprava

helikopter

helikoptéra

flygplats

letisko

torn

veža

passagerare

pasažier

container

kontajner

kartong

kartón

vagn

vozík

korg

kôš

starta / landa

štartovať / pristáť

stad

mesto

by

dedina

centrum

centrum mesta

hus

dom

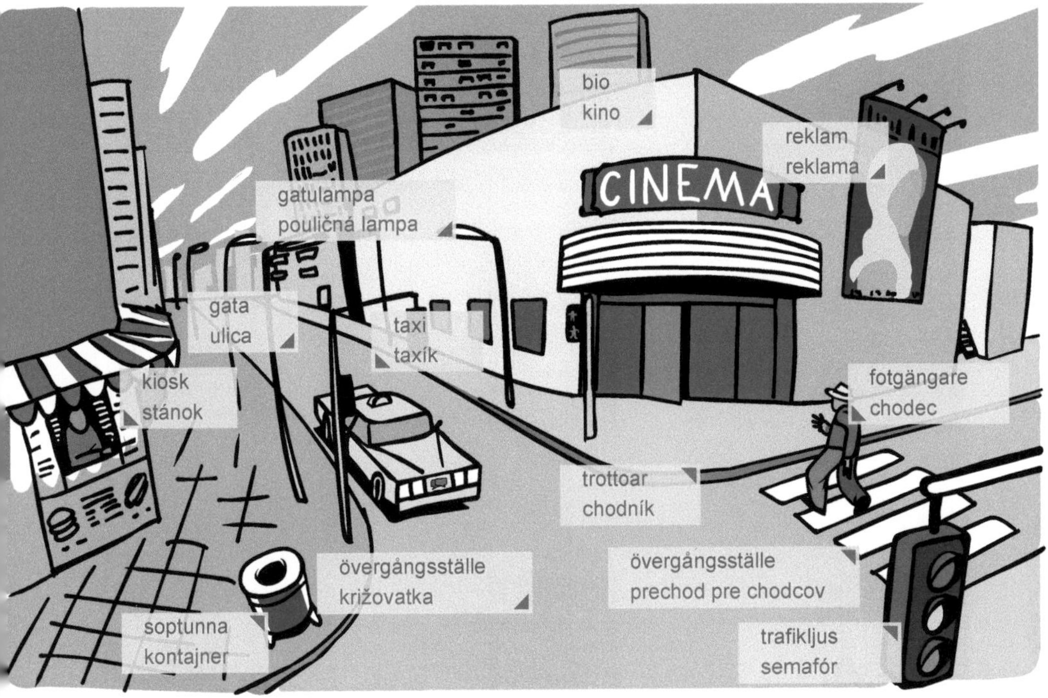

bio
kino

reklam
reklama

gatulampa
pouličná lampa

CINEMA

gata
ulica

taxi
taxík

kiosk
stánok

fotgängare
chodec

trottoar
chodník

övergångsställe
križovatka

övergångsställe
prechod pre chodcov

soptunna
kontajner

trafikljus
semafór

stuga
chata

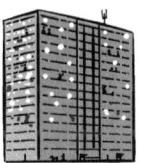

lägenhet
byt

tågstation
vlaková stanica

stadshus
radnica

museum
múzeum

skola
škola

universitet

univerzita

bank

banka

sjukhus

nemocnica

hotell

hotel

apotek

lekáreň

kontor

kancelária

bokhandel

kníhkupectvo

affär

obchod

blomsterbutik

kvetinárstvo

stormarknad

supermarket

marknad

trh

varuhus

obchodný dom

fiskhandlare

obchodník s rybami

köpcentrum

nákupné stredisko

hamn

prístav

park
park

bänk
lavička

brygga
most

trappa
schody

tunnelbana
metro

tunnel
tunel

busshållplats
autobusová zastávka

bar
bar

restaurang
reštaurácia

brevlåda
poštová schránka

gatuskylt
tabuľa s názvom ulice

parkeringsautomat
parkovacie hodiny

zoo
ZOO

simbassäng
plaváreň

moské
mešita

bondgård
farma

förorening
znečisťovanie životného
prostredia

kyrkogård
cintorín

kyrka
kostol

lekplats
ihrisko

tempel
chrám

landskap
terén

löv
list

vägskylt
smerová tabuľa

väg
cesta

äng
lúka

sten
kameň

träd
strom

liftare
turista

flod
rieka

gräs
tráva

blomma
kvet

dal
dolina

kulle
kopec

sjö
jazero

skog
les

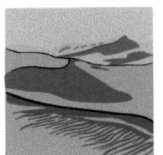

öken
púšť

vulkan
vulkán

slott
zámok

regnbåge
dúha

svamp
hríb

palm
palma

mygga
komár

fluga
mucha

myra
mravec

bi
včela

spindel
pavúk

skalbagge

chrobák

groda

žaba

ekorre

veverička

igelkott

jež

hare

zajac

uggla

sova

fågel

vták

svan

labuť

vildsvin

diviak

rådjur

jeleň

älg

los

damm

hrádza

vindkraftverk

veterná turbína

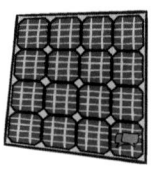

solcellspanel

solárny panel

klimat

podnebie

restaurang
reštaurácia

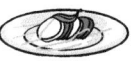

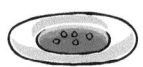

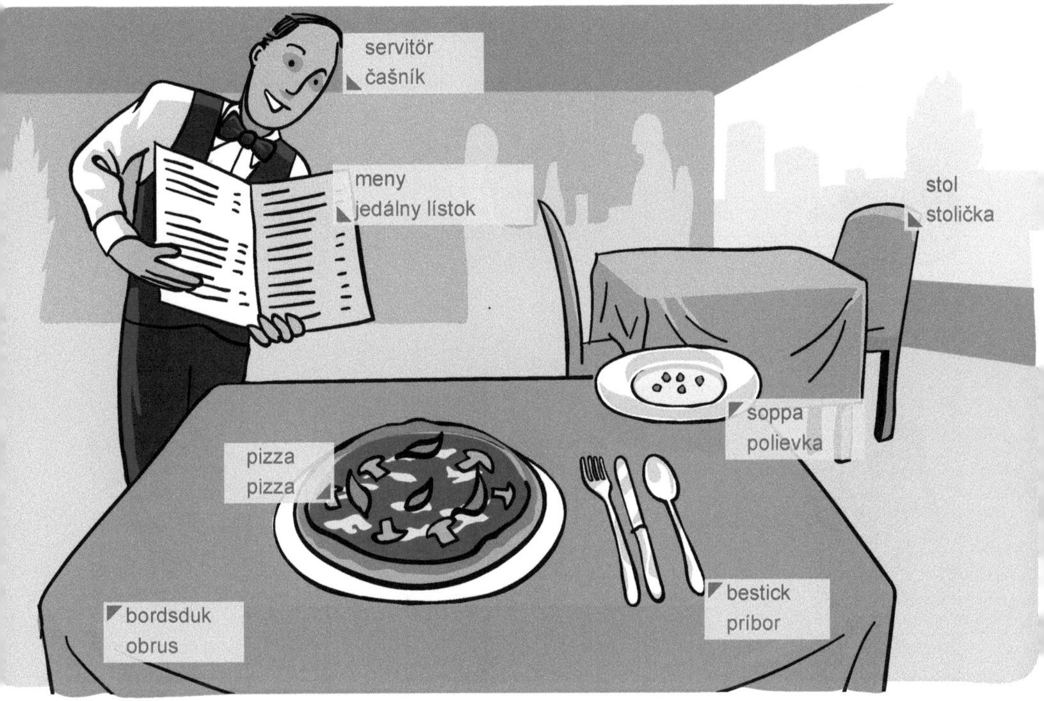
servitör
čašník
meny
jedálny lístok
stol
stolička
soppa
polievka
pizza
pizza
bestick
príbor
bordsduk
obrus

förrätt
predjedlo

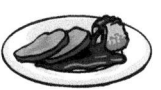

huvudrätt
hlavné jedlo

dessert
zákusok

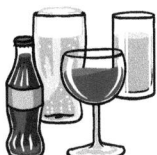

drycker
nápoje

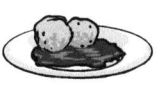

mat
jedlo

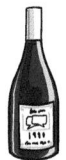

flaska
fľaša

snabbmat

fast-food

street food

street food

tekanna

kanvica na čaj

sockerskål

cukornička

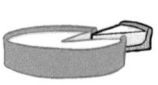

portion

porcia

espressomaskin

stroj na espresso

barnstol

detská stolička

räkning

účet

bricka

podnos

kniv

nôž

gaffel

vidlička

sked

lyžica

tesked

čajová lyžička

servett

obrúsok

glas

pohár

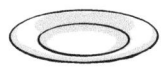

tallrik

tanier

sopptallrik

hlboký tanier

tefat

podšálka

sås

omáčka

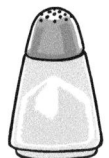

saltkar

soľnička

pepparkvarn

mlynček na korenie

vinäger

ocot

olja

olej

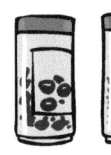

kryddor

korenie

ketchup

kečup

senap

horčica

majonnäs

majonéza

stormarknad
supermarket

specialerbjudande
špeciálna ponuka
FOR
kund
klient
mejeriprodukter
mliečne výrobky
frukt
ovocie
varukorg
nákupný vozík

BUTCHERS

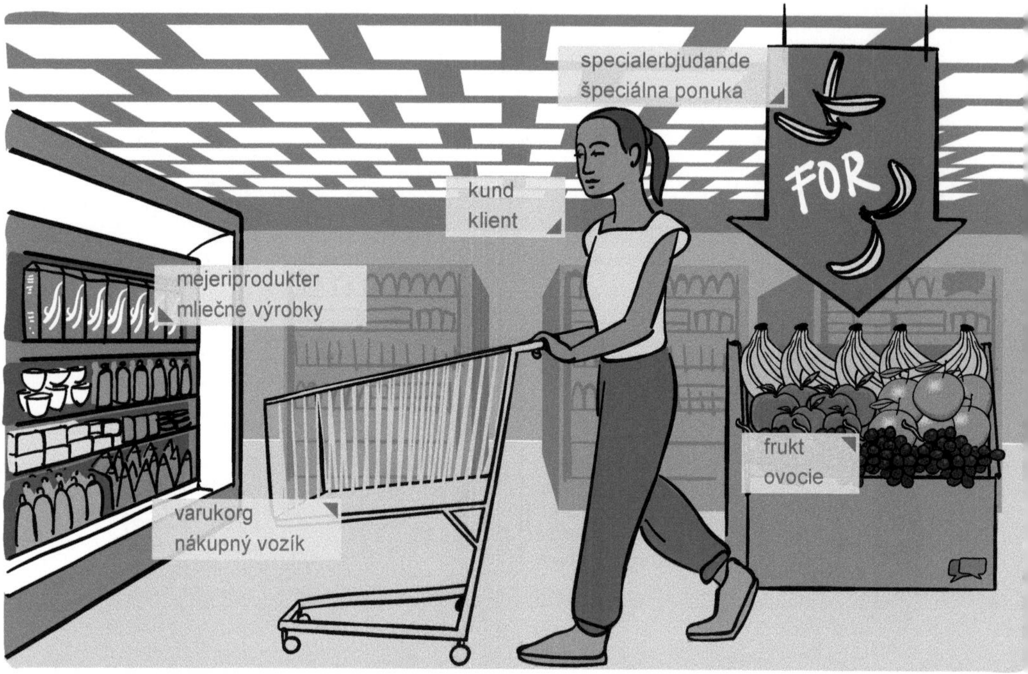

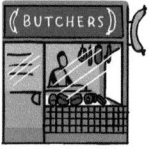

charkuteri
mäsiarstvo

BAKERY

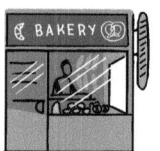

bageri
pekáreň

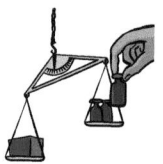

väga
vážiť

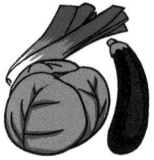

grönsaker
zelenina

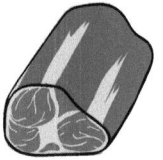

kött
mäso

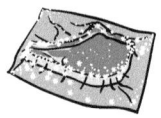

frysta livsmedel
mrazené potraviny

pålägg

nárez

konserver

konzervy

tvättmedel

prací prostriedok

godis

sladkosti

hushållsprodukter

domáce potreby

rengöringsmedel

čistiace prostriedky

försäljare

predavačka

kassa

pokladňa

kassör

pokladník

inköpslista

nákupný zoznam

öppettider

otváracie hodiny

plånbok

peňaženka

kreditkort

kreditná karta

väska

taška

plastpåse

plastové vrecko

vatten

voda

juice

džús

mjölk

mlieko

cola

kola

vin

víno

öl

pivo

alkohol

alkohol

kakao

kakao

te

čaj

kaffe

káva

espresso

espresso

cappuccino

kapučíno

banan

banán

äpple

jablko

apelsin

pomaranč

melon

melón

citron

citrón

morot

mrkva

vitlök

cesnak

bambu

bambus

lök

cibuľa

svamp

hríb

nötter

orechy

nudlar

rezance

spaghetti

špagety

ris

ryža

sallad

šalát

pommes frites

hranolky

stekt potatis

pečené zemiaky

pizza

pizza

hamburgare

hamburger

smörgås

obložený chlebík

schnitzel

rezeň

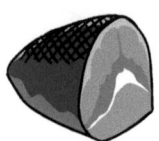

skinka

šunka

salami

saláma

korv

klobása

kyckling

kurča

stek

pečené mäso

fisk

ryba

havregryn

ovsené vločky

müsli

müsli

cornflakes

kukuričné lupienky

mjöl

múka

croissant

croissant

fralla

pečivo

bröd

chlieb

rostat bröd

hrianka

kex

sušienky

smör

maslo

kvarg

tvaroh

kaka

koláč

ägg

vajce

stekt ägg

volské oko

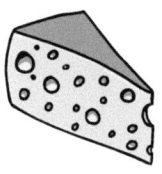

ost

syr

glass

zmrzlina

socker

cukor

honung

med

sylt

lekvár

nougatkräm

nugátová nátierka

curry

karí korenie

lantgård
sedliacky dom

halmbal
stoch slamy

ladugård
stodola

fält
pole

häst
kôň

trailer
príves

föl
žriebä

traktor
traktor

åsna
somár

lamm
jahňa

får
ovca

get
koza

ko
krava

kalv
teľa

gris
prasa

griskulting
prasiatko

tjur
býk

gås
hus

anka
kačica

kyckling
kuriatko

höna
sliepka

tupp
kohút

råtta
potkan

katt
mačka

mus
myš

oxe
vôl

hund
pes

hundkoja
psia búda

trädgårdsslang
záhradná hadica

vattenkanna
krhla

lie
kosa

plog
pluh

skära

kosák

hacka

motyka

högaffel

vidly na hnoj

yxa

sekera

skottkärra

fúrik

tråg

koryto

mjölkflaska

kanva na mlieko

säck

vrece

staket

plot

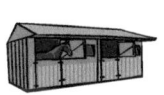

stall

maštaľ

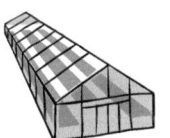

växthus

skleník

jord

pôda

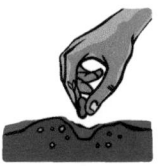

säd

osivo

gödsel

hnojivo

skördetröska

kombajn

skörda

žať

skörd

žatva

jams

batát

vete

pšenica

soja

sója

potatis

zemiak

majs

kukurica

raps

repka

frukträd

ovocný strom

maniok

maniok

spannmål

obilie

hus
dom

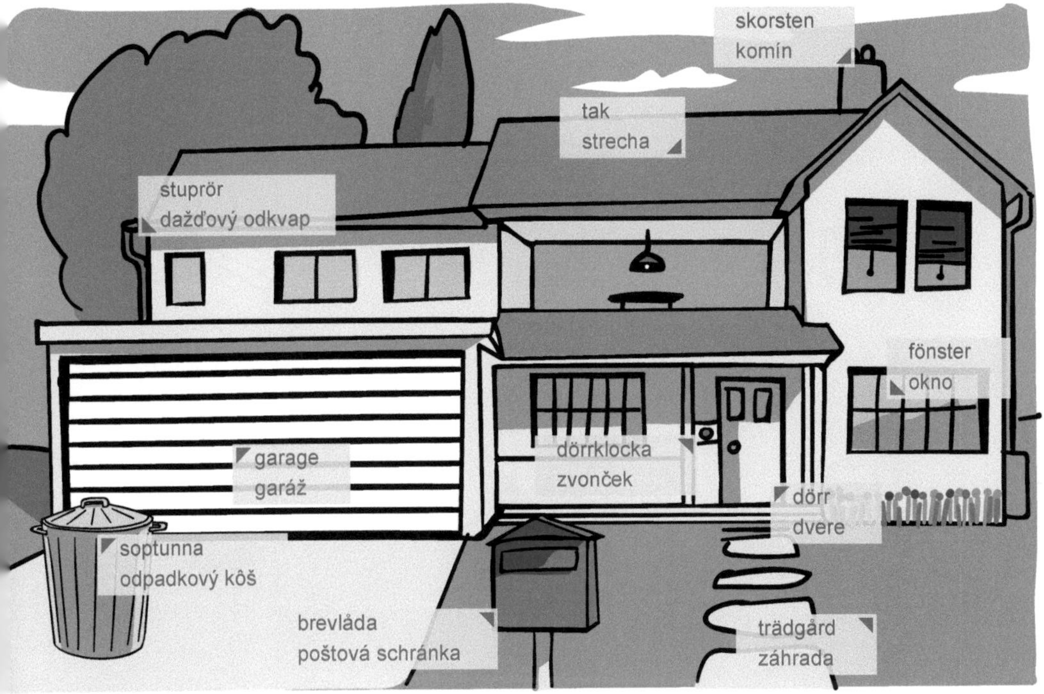
skorsten
komín
tak
strecha
stuprör
dažďový odkvap
fönster
okno
garage
garáž
dörrklocka
zvonček
dörr
dvere
soptunna
odpadkový kôš
brevlåda
poštová schránka
trädgård
záhrada

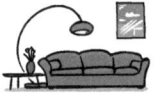

vardagsrum
obývačka

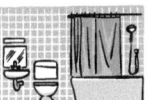

badrum
kúpeľňa

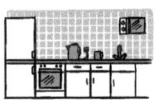

kök
kuchyňa

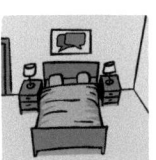

sovrum
spálňa

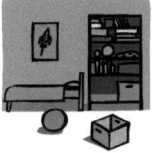

barnrum
detská izba

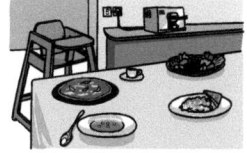

matsal
jedáleň

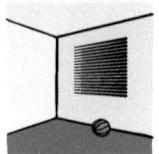

golv
....
podlaha

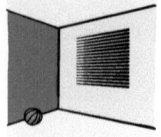

vägg
....
stena

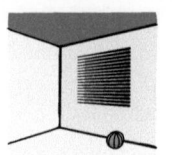

tak
....
strop

källare
....
pivnica

bastu
....
sauna

balkong
....
balkón

terrass
....
terasa

bassäng
....
bazén

gräsklippare
....
kosačka

lakan
....
obliečka

överkast
....
posteľná prikrývka

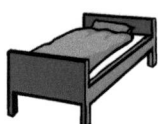

säng
....
posteľ

kvast
....
metla

hink
....
vedro

strömbrytare
....
vypínač

vardagsrum
obývačka

tapet
tapeta
bild
obraz
lampa
lampa
hylla
regál
skåp
skriňa
TV
televízor
eldstad
kozub
blomma
kvet
kudde
vankúš
soffa
pohovka
vas
váza
fjärrkontroll
diaľkové ovládanie

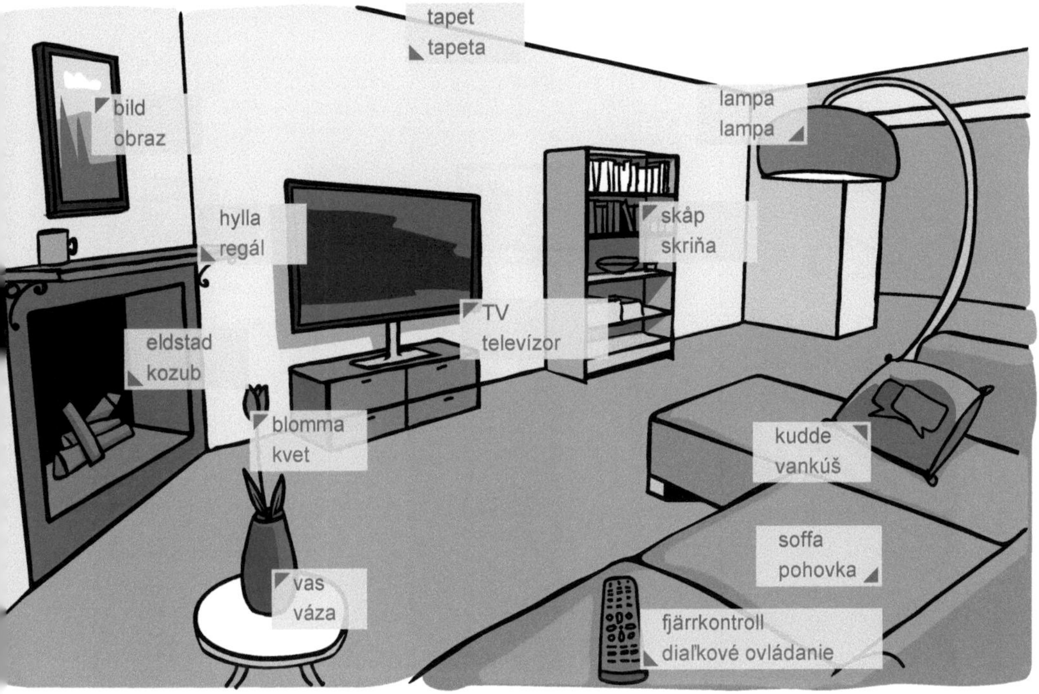

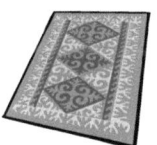

matta
koberec

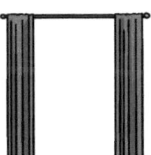

gardin
záclona

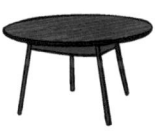

bord
stôl

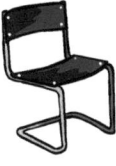

stol
stolička

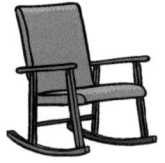

gungstol
hojdacie kreslo

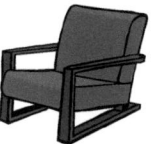

fåtölj
kreslo

bok

kniha

filt

prikrývka

dekoration

dekorácia

vedträ

drevo na kúrenie

film

film

stereoanläggning

hi-fi veža

nyckel

kľúč

dagstidning

noviny

målning

maľba

poster

plagát

radio

rádio

anteckningsbok

zápisník

dammsugare

vysávač

kaktus

kaktus

stearinljus

sviečka

kök
kuchyňa

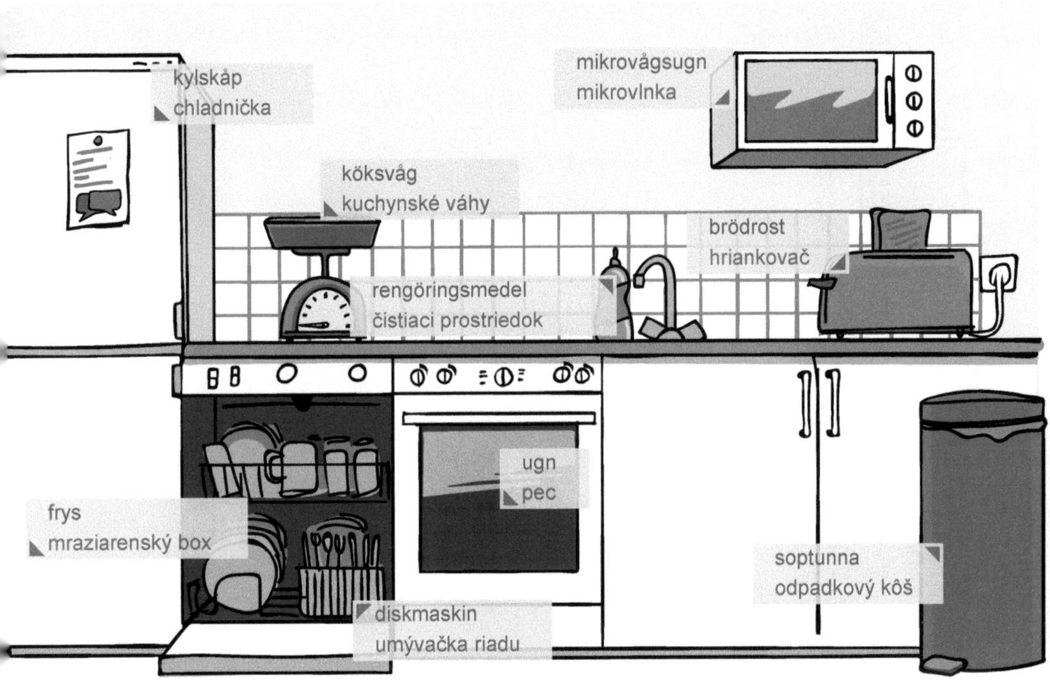
kylskåp
chladnička
mikrovågsugn
mikrovlnka
köksvåg
kuchynské váhy
brödrost
hriankovač
rengöringsmedel
čistiaci prostriedok
ugn
pec
frys
mraziarenský box
soptunna
odpadkový kôš
diskmaskin
umývačka riadu

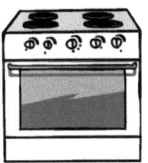

spis

sporák

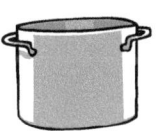

kastrull

hrniec

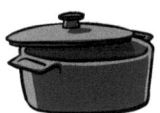

järngryta

železný hrniec

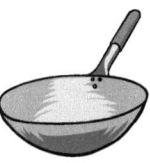

wok / kadai

wok / kadai

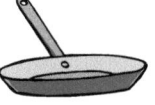

stekpanna

panvica

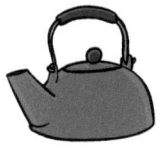

vattenkokare

rýchlovarná kanvica

ångkokare

parný hrniec

bakplåt

plech na pečenie

porslin

riad

mugg

pohár

skål

misa

ätpinnar

paličky

soppslev

naberačka na polievku

stekspade

stierka

visp

metlička

durkslag

cedidlo

sil

sitko

rivjärn

strúhadlo

mortel

mažiar

grill

gril

brasa

ohnisko

skärbräda

doska na krájanie

kavel

valček na cesto

korkskruv

vývrtka

burk

konzerva

burköppnare

otvárač na konzervy

grytlapp

chňapka

vask

výlevka

borste

kefa

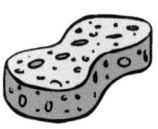

svamp

hubka

mixer

mixér

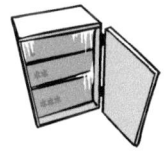

frys

mraznička

nappflaska

kojenecká fľaša

kran

vodovodný kohútik

kök - kuchyňa

badrum
kúpeľňa

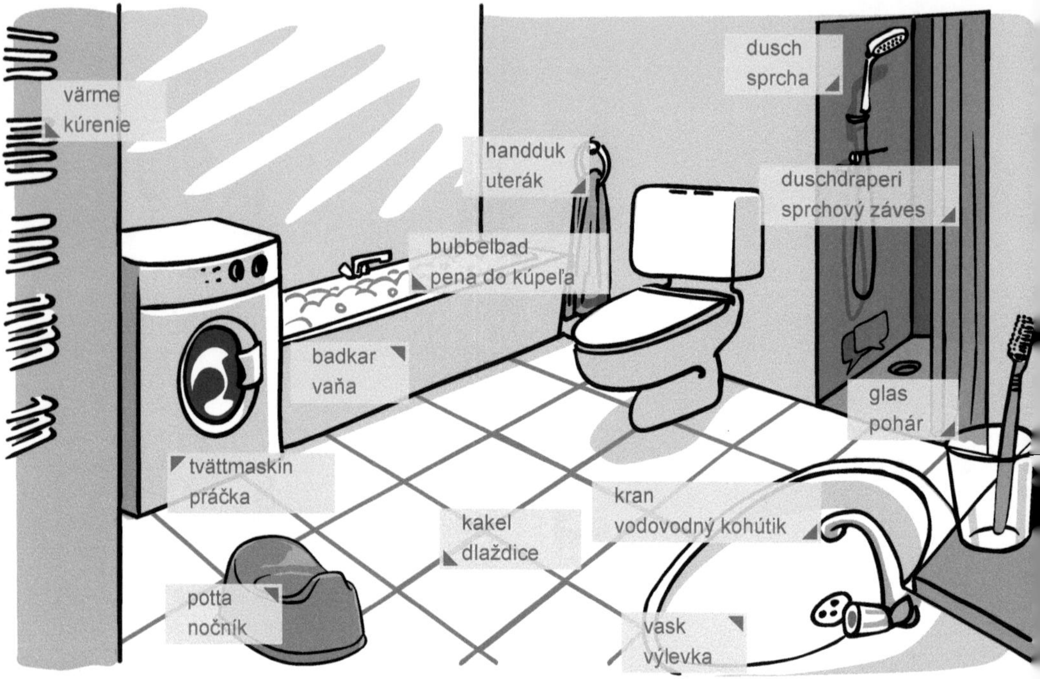

värme
kúrenie

dusch
sprcha

handduk
uterák

duschdraperi
sprchový záves

bubbelbad
pena do kúpeľa

badkar
vaňa

glas
pohár

tvättmaskin
práčka

kakel
dlaždice

kran
vodovodný kohútik

potta
nočník

vask
výlevka

toalett

záchod

låg toalett

suchý záchod

bidet

bidet

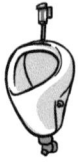

pissoar

pisoár

toalettpapper

toaletný papier

toalettborste

záchodová kefa

tandborste

zubná kefka

tandkräm

zubná pasta

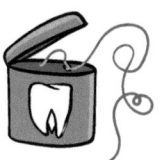

tandtråd

dentálna niť

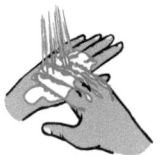
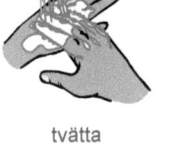

tvätta

umývať

handdusch

ručná sprcha

intimdusch

sprcha pre intímnu hygienu

handfat

umývadlo

ryggborste

kefa na chrbát

tvål

mydlo

duschgel

sprchový gél

schampo

šampón

trasa

frotírová rukavica

avlopp

odtok

crème

krém

deodorant

dezodorant

spegel

zrkadlo

handspegel

kozmetické zrkadlo

rakhyvel

žiletka

raklödder

pena na holenie

rakvatten

voda po holení

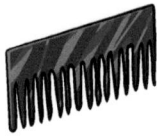

kam

hrebeň

borste

kefa

hårtork

sušič vlasov

hårspray

sprej na vlasy

smink

make-up

läppstift

rúž

nagellack

lak na nechty

bomullsvadd

vata

nagelsax

nožnice na nechty

parfym

parfum

necessär

kozmetická taška

pall

stolček

våg

váha

badrock

kúpací plášť

gummihandskar

gumové rukavice

tampong

tampón

binda

menštruačná vložka

kemisk toalett

chemické WC

barnrum
detská izba

väckarklocka
budík
gosedjur
plyšová hračka
leksaksbil
hračkárske auto
skallra
hrkálka
dockhus
domček pre bábiky
present
dar

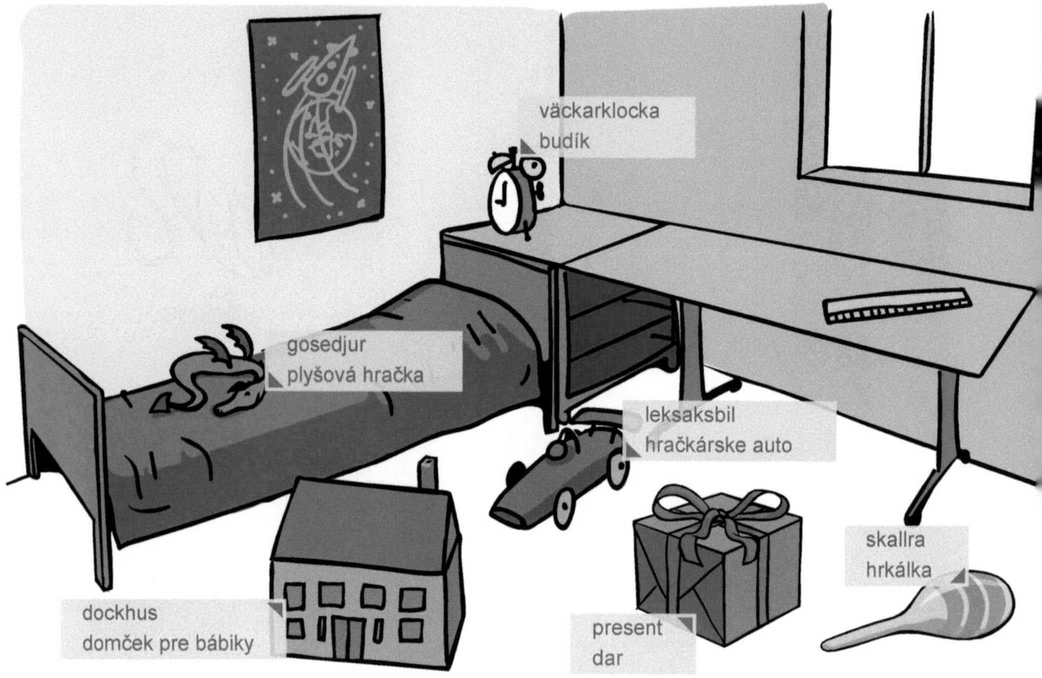

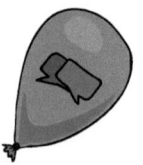

ballong
balón

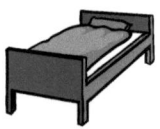

säng
posteľ

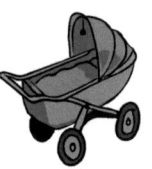

barnvagn
detský kočík

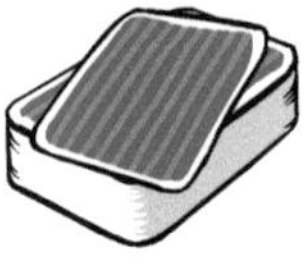

kortlek
karty

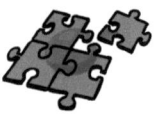

pussel
puzzle

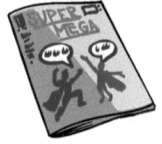

serietidning
komix

legobitar

skladačka lego

klossar

stavebnica

actionfigur

akčná postavička

sparkdräkt

dupačky

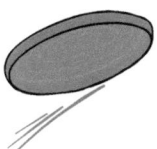

frisbee

lietajúci tanier

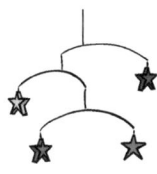

mobil

závesné hračky

brädspel

stolová hra

tärning

kocka

modelljärnväg

modelový vláčik

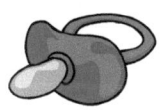

napp

cumlík

party

párty

bilderbok

obrázková kniha

boll

lopta

docka

bábika

spela

hrať sa

sandlåda

pieskovisko

gunga

hojdačka

leksaker

hračky

spelkonsol

hracia konzola

trehjuling

trojkolka

nalle

medvedík

garderob

šatník

kläder

šatstvo

sockar

ponožky

strumpor

pančuchy

tights

pančuchové nohavičky

halsduk
šál

paraply
dáždnik

bälte
opasok

t-shirt
tričko

stövlar
čižmy

tofflor
papuče

sneakers
tenisky

sandaler
sandále

skor
topánky

gummistövlar
gumáky

underbyxor
spodky

BH
podprsenka

linne
tielko

body

body

byxor

nohavice

jeans

džínsy

kjol

sukňa

blus

blúzka

skjorta

košeľa

pullover

pulóver

sweater

sveter

blazer

blejzer

jacka

bunda

kappa

kabát

regnjacka

pršiplášť

dräkt

kostým

klänning

šaty

bröllopsklänning

svadobné šaty

kostym

oblek

nattlinne

nočná košeľa

pyjamas

pyžamo

sari

sari

slöja

šatka na hlavu

turban

turban

burka

burka

kaftan

kaftan

abaya

abaja

baddräkt

dvojdielne plavky

badbyxor

plavky

shorts

šortky

träningsoverall

tepláková súprava

förkläde

zástera

handskar

rukavice

knapp

gombík

glasögon

okuliare

armband

náramok

halsband

retiazka

ring

prsteň

örhänge

náušnica

mössa

čiapka

galge

vešiak

hatt

klobúk

slips

kravata

dragkedja

zips

hjälm

prilba

hängslen

traky

skoluniform

školská uniforma

uniform

uniforma

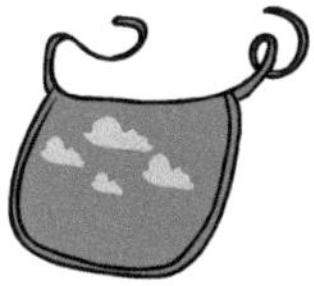

haklapp

podbradník

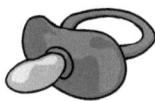

napp

cumlík

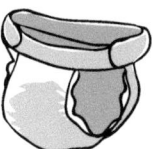

blöja

plienka

kontor
kancelária

server
server
dokumentskåp
skriňa na spisy
skrivare
tlačiareň
papper
papier
bildskärm
monitor
skrivbord
písací stôl
mus
myš
mapp
zakladač
tangentbord
klávesnica
papperskorg
kôš na papier
dator
počítač
stol
stolička

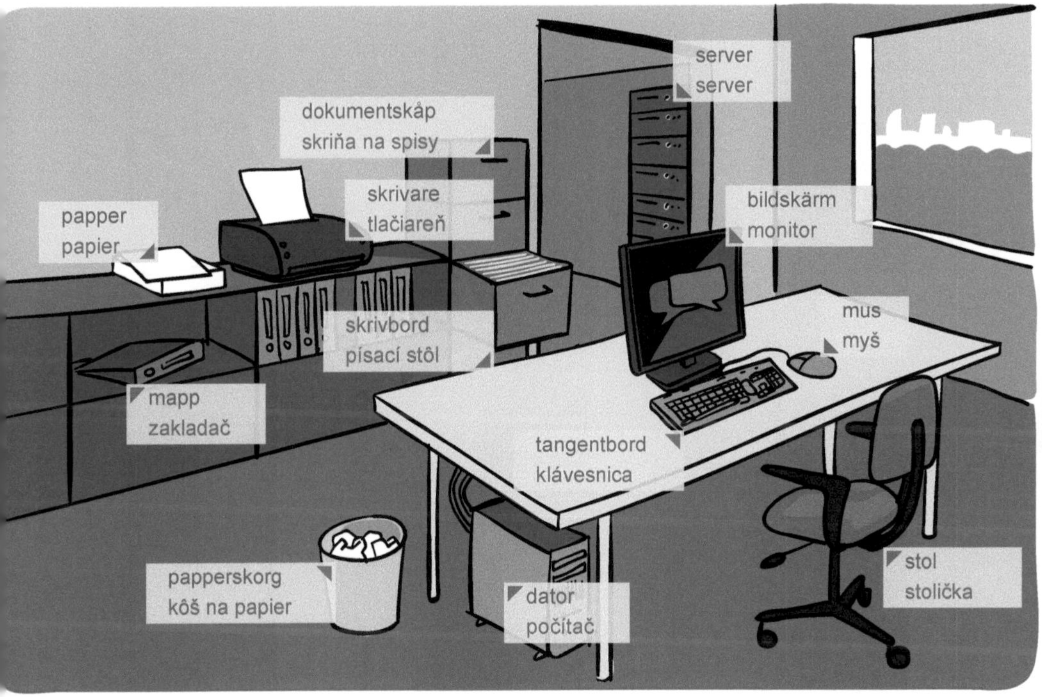

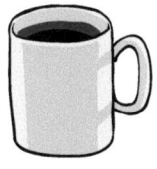

kaffemugg

hrnček na kávu

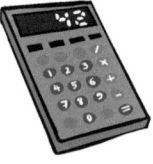

miniräknare

kalkulačka

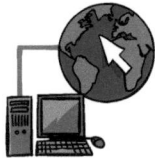

internet

internet

bärbar dator

laptop

brev

list

meddelande

správa

mobiltelefon

mobil

nätverk

sieť

kopieringsapparat

kopírka

programvara

softvér

telefon

telefón

vägguttag

elektrická zásuvka

fax

fax

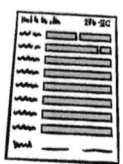

blankett

formulár

dokument

doklad

köpa

kúpiť

betala

platiť

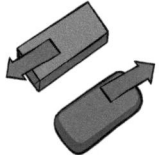

handla

obchodovať

pengar

peniaze

  USD

dollar

dolár

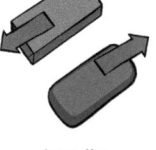  EUR

euro

euro

  JPY

yen

jen

  RUB

rubel

rubeľ

  CHF

schweizisk franc

švajčiarsky frank

  CNY

renminbi yan

čínsky jüan

  INR

rupie

rupia

bankomat

bankomat

växelkontor

zmenáreň

guld

zlato

silver

striebro

olja

ropa

energi

energia

pris

cena

kontrakt

zmluva

skatt

daň

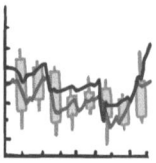

aktie

akcia

arbeta

pracovať

anställd

zamestnanec

arbetsgivare

zamestnávateľ

fabrik

továreň

affär

obchod

polis
policajt

brandman
hasič

kock
kuchár

läkare
lekár

pilot
pilót

trädgårdsmästare

záhradník

snickare

stolár

sömmerska

krajčírka

domare

sudca

kemist

chemik

skådespelare

herec

busschaufför

vodič autobusu

taxichaufför

taxikár

fiskare

rybár

städerska

upratovačka

takläggare

pokrývač

servitör

čašník

jägare

poľovník

målare

maliar

bagare

pekár

elektriker

elektrikár

byggarbetare

stavebný robotník

ingenjör

inžinier

slaktare

mäsiar

rörmokare

klampiar

brevbärare

poštár

soldat

vojak

arkitekt

architekt

kassör

pokladník

florist

kvetinár

frisör

kaderník

konduktör

sprievodca

mekaniker

mechanik

kapten

kapitán

tandläkare

zubár

vetenskapsman

vedec

rabbin

rabín

imam

imám

munk

mních

präst

farár

verktyg
náradie

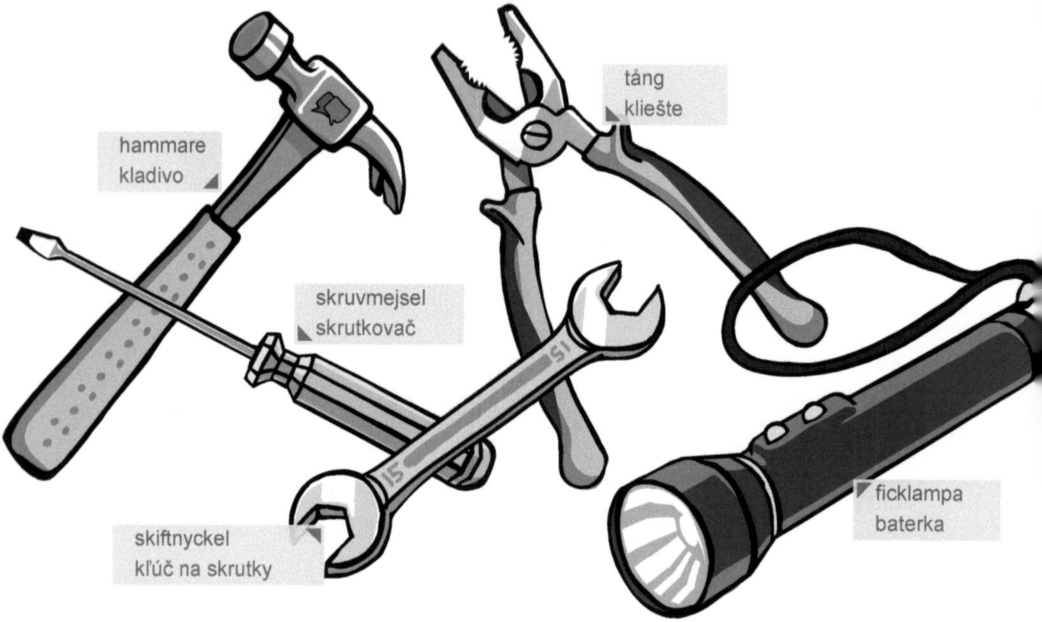
hammare
kladivo
tång
kliešte
skruvmejsel
skrutkovač
skiftnyckel
kľúč na skrutky
ficklampa
baterka

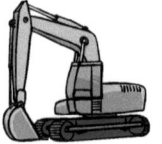

grävmaskin

bager

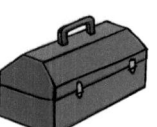

verktygslåda

súprava náradia

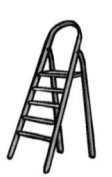

stege

rebrík

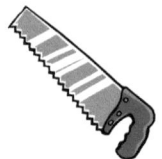

såg

pílka

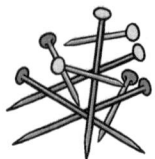

spik

klince

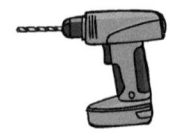

borr

vrták

reparera

opraviť

spade

lopata

Helvete!

Do čerta!

sopskyffel

lopatka na smeti

färgburk

nádoba s farbou

skruvar

skrutky

musikinstrument
hudobné nástroje

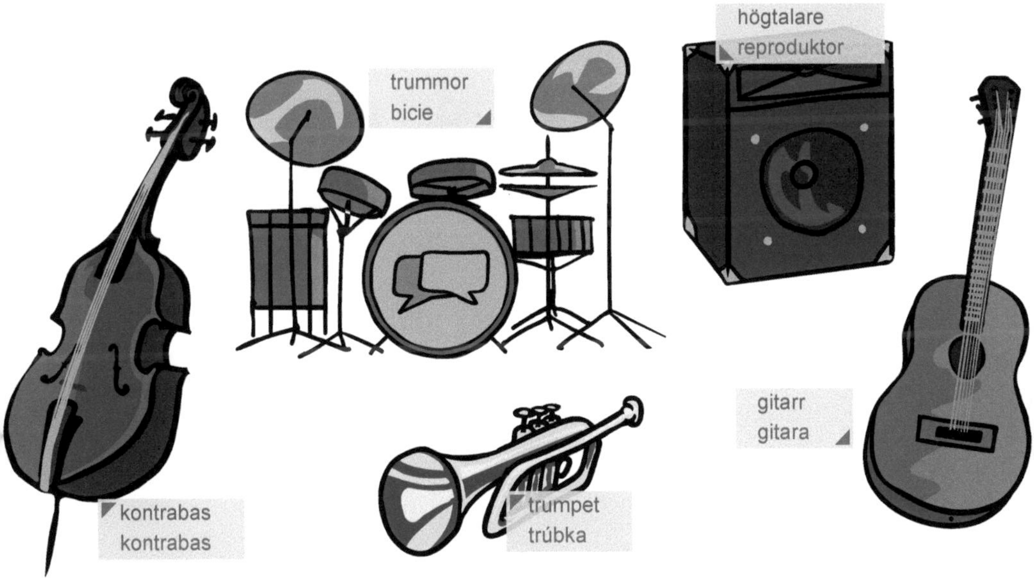

högtalare
reproduktor

trummor
bicie

kontrabas
kontrabas

gitarr
gitara

trumpet
trúbka

piano
klavír

violin
husle

bas
basa

timpani
tympany

trumma
bubon

keyboard
klávesnica

saxofon
saxofón

flöjt
flauta

mikrofon
mikrofón

ZOO

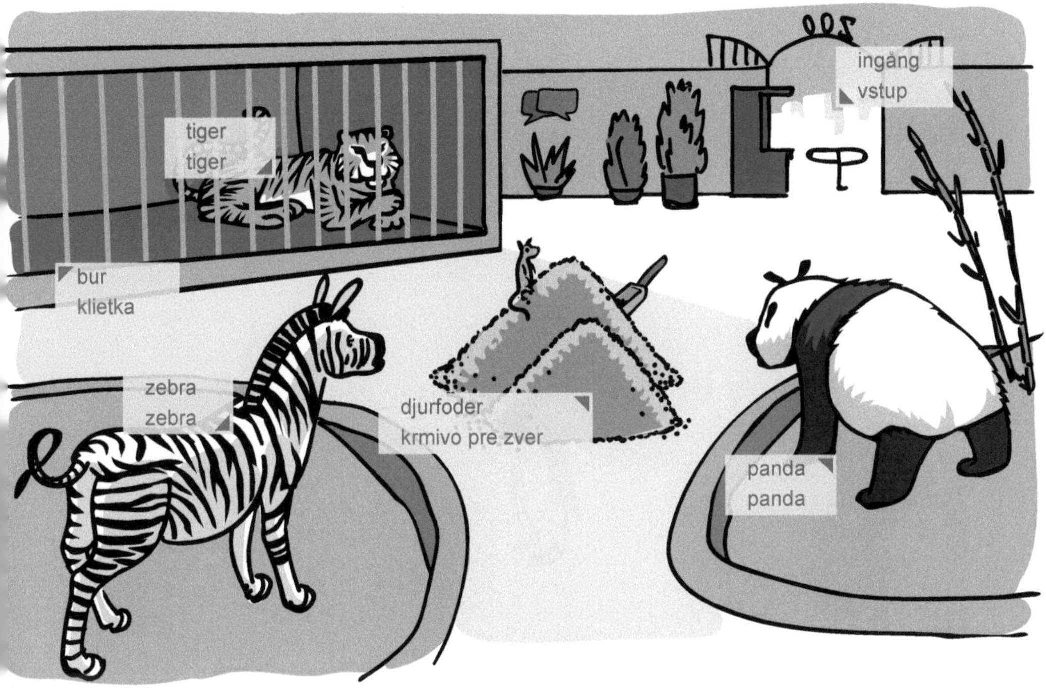

zoo
ingång
vstup
tiger
tiger
bur
klietka
zebra
zebra
djurfoder
krmivo pre zver
panda
panda

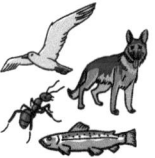

djur

zvieratá

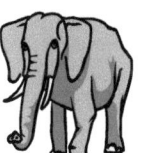

elefant

slon

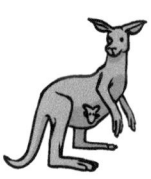

känguru

klokan

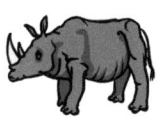

noshörning

nosorožec

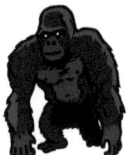

gorilla

gorila

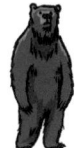

björn

medveď

kamel

ťava

struts

pštros

lejon

lev

apa

opica

flamingo

plameniak

papegoja

papagáj

isbjörn

ľadový medveď

pingvin

tučniak

haj

žralok

påfågel

páv

orm

had

krokodil

krokodíl

djurskötare

ošetrovateľ v ZOO

säl

tuleň

jaguar

jaguár

ponny

poník

leopard

leopard

flodhäst

hroch

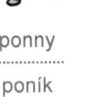

giraff

žirafa

örn

orol

vildsvin

diviak

fisk

ryba

sköldpadda

korytnačka

valross

mrož

räv

líška

gazell

gazela

amerikansk fotboll
americký futbal

cykling
cyklistika

tennis
tenis

basket
basketbal

simning
plávanie

boxning
box

ishockey
hokej

fotboll
futbal

badminton
bedminton

friidrott
ľahká atletika

handboll
hádzaná

skidåkning
lyžovanie

polo
pólo

hoppa
skočiť

skratta
smiať sa

krama
objať

gå
chodiť

sjunga
spievať

drömma
snívať

be
modliť sa

kyssa
pobozkať

skriva
písať

rita
kresliť

visa
ukázať

skjuta
tlačiť

ge
dať

ta
brať

hagel

mať

göra

robiť

vara

byť

stå

stáť

springa

bežať

dra

ťahať

kasta

hádzať

falla

padnúť

ligga

ležať

vänta

čakať

bära

nosiť

sitta

sedieť

klä på

obliecť sa

sova

spať

vakna

zobudiť sa

se på

pozerať

gråta

plakať

smeka

hladkať

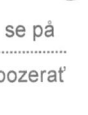

kamma

česať

prata

hovoriť

förstå

rozumieť

fråga

pýtať sa

höra

počuť

dricka

piť

äta

jesť

städa

upratať

älska

milovať

laga mat

variť

köra

jazdiť

flyga

letieť

segla

plachtiť

räkna

počítať

läsa

čítať

lära sig

učiť sa

arbeta

pracovať

gifta sig

oženiť

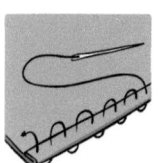

sy

šiť

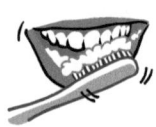

borsta tänderna

čistiť zuby

döda

zabiť

röka

fajčiť

skicka

poslať

mormor/farmor
stará mama

morfar/farfar
starý otec

pappa
otec

mamma
mama

baby
bábo

dotter
dcéra

son
syn

gäst

hosť

moster/faster

teta

farbror/morbror

strýko

bror

brat

syster

sestra

kropp

telo

panna
čelo
öga
oko
skuldra
plece
finger
prst
ansikte
tvár
haka
brada
hand
ruka
ben
noha
bröst
hruď
arm
rameno

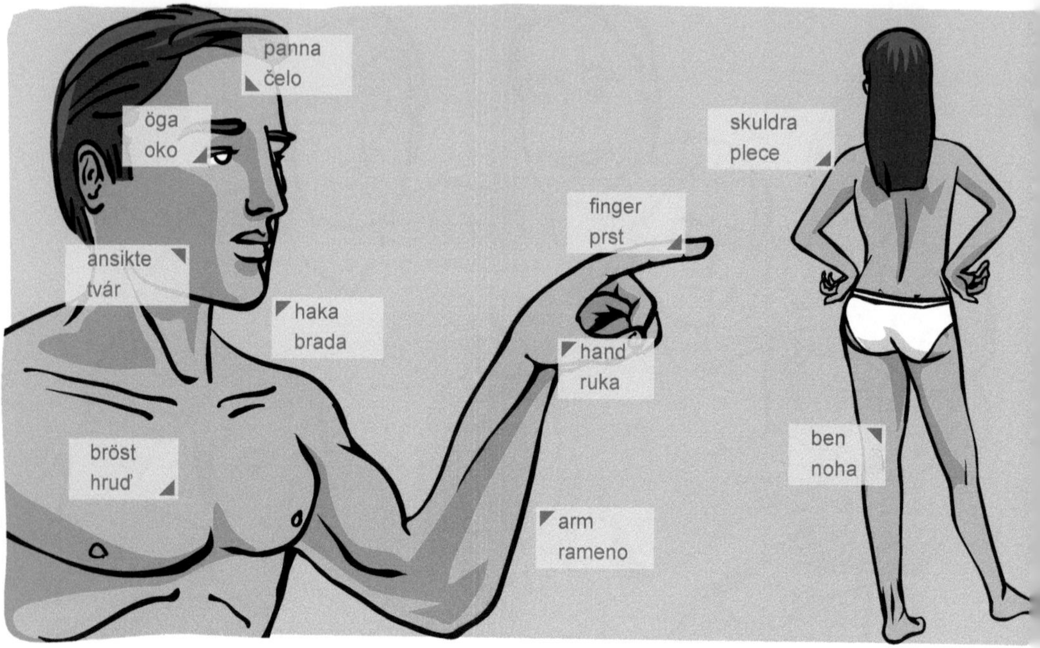

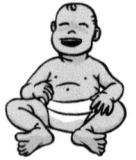

baby

bábo

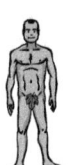

man

muž

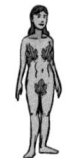

kvinna

žena

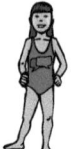

flicka

dievča

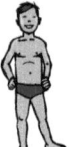

pojke

chlapec

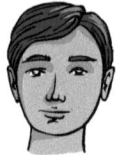

huvud

hlava

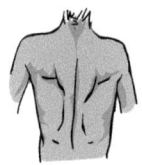

rygg
chrbát

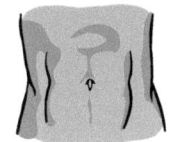

mage
brucho

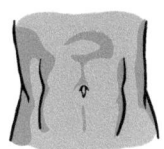

navel
pupok

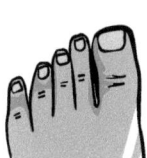

tå
prst na nohe

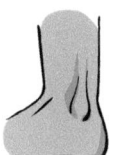

häl
päta

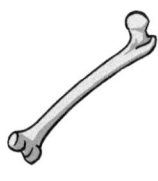

ben
kosť

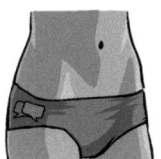

höft
bok

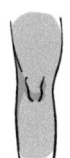

knä
koleno

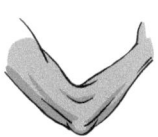

armbåge
lakeť

näsa
nos

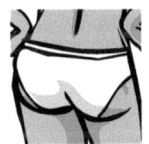

stjärt
zadok

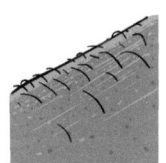

hud
koža

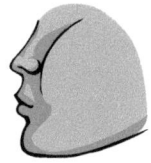

kind
líce

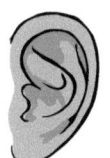

öra
ucho

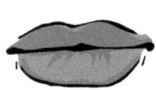

läpp
pery

mun

ústa

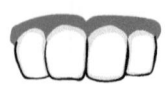

tand

zub

tunga

jazyk

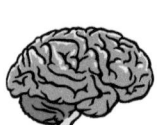

hjärna

mozog

hjärta

srdce

muskel

svaly

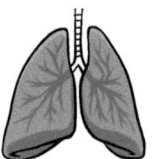

lunga

pľúca

lever

pečeň

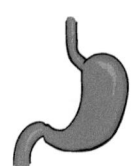

magsäck

žalúdok

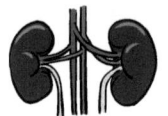

njurar

obličky

sex

pohlavný styk

kondom

kondóm

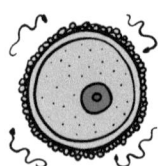

äggcell

vaječná bunka

sperma

semeno

graviditet

tehotenstvo

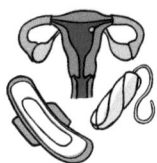

menstruation

menštruácia

vagina

vagína

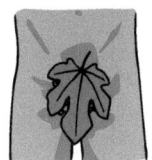

penis

penis

ögonbryn

obočie

hår

vlasy

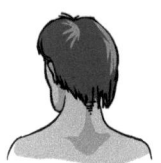

nacke

krk

sjukhus
nemocnica

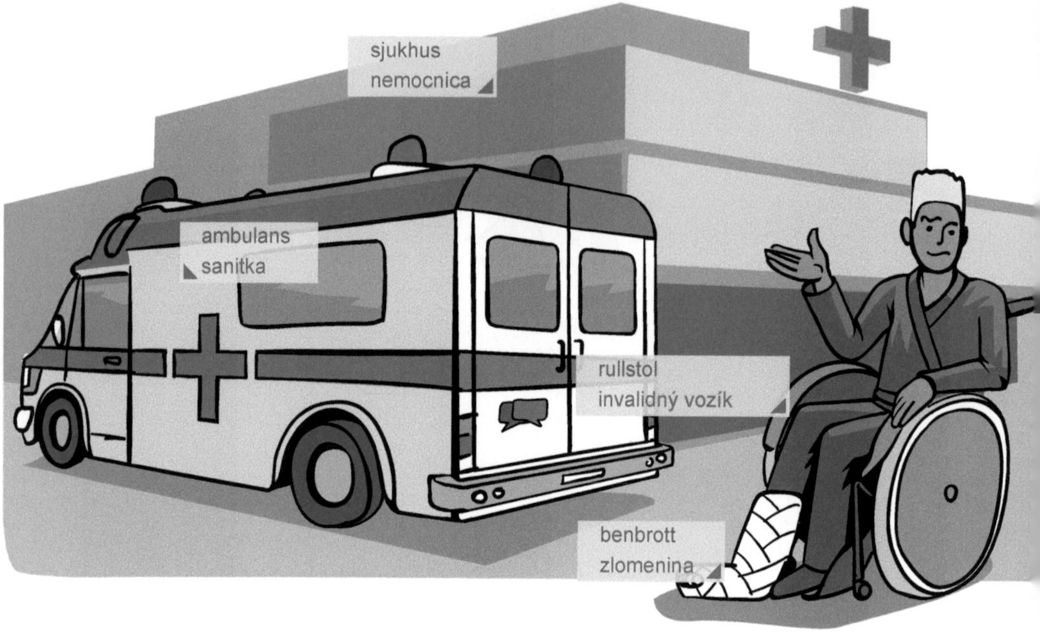

sjukhus
nemocnica
ambulans
sanitka
rullstol
invalidný vozík
benbrott
zlomenina

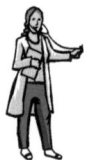

läkare

lekár

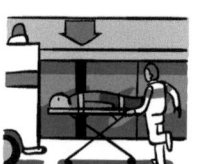

akutmottagning

urgentný príjem

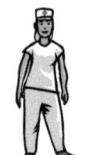

sjuksköterska

sestrička

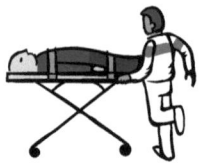

nödsituation

urgentný prípad

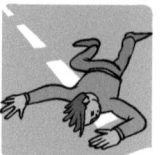

medvetslös

v bezvedomí

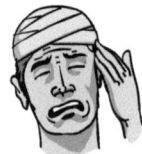

smärta

bolesť

skada

zranenie

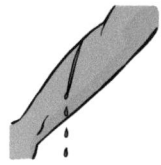

blödning

krvácanie

hjärtattack

srdcový infarkt

slaganfall

mozgová porážka

allergi

alergia

hosta

kašeľ

feber

teplota

influensa

chrípka

diarré

hnačka

huvudvärk

bolesť hlavy

cancer

rakovina

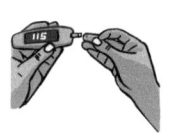

diabetes

cukrovka

kirurg

chirurg

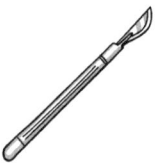

skalpell

skalpel

operation

operácia

CT
CT

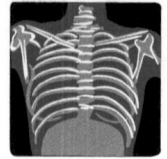

röntgen
RTG

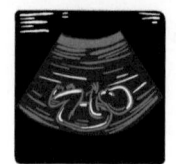

ultraljud
ultrazvuk

ansiktsmask
maska

sjukdom
choroba

väntsal
čakáreň

krycka
barla

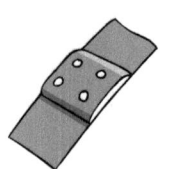

plåster
náplasť

bandage
obväz

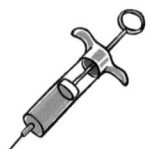

injektion
injekcia

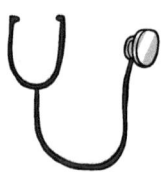

stetoskop
fonendoskop

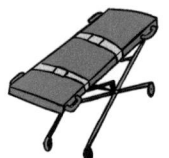

bår
nosidlá

termometer
teplomer

födsel
pôrod

övervikt
nadváha

hörapparat

audiofón

desinfektionsmedel

dezinfekčný prostriedok

infektion

infekcia

virus

vírus

HIV / AIDS

HIV / AIDS

medicin

medicína

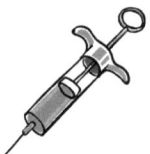

vaccination

očkovanie

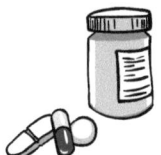

tabletter

tabletky

p-piller

antikoncepčná pilulka

nödsamtal

tiesňové volanie

blodtrycksmätare

tlakomer

sjuk / frisk

chorý / zdravý

Hjälp!

Pomoc!

alarm

alarm

överfall

prepad

misshandel

útok

fara

nebezpečenstvo

nödutgång

núdzový východ

Det brinner!

Horí!

brandsläckare

hasičský prístroj

olycka

nehoda

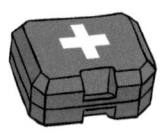

förbandslåda

kufrík prvej pomoci

SOS

SOS

polis

polícia

Europa

Európa

Nordamerika

Severná Amerika

Sydamerika

Južná Amerika

Afrika

Afrika

Asien

Ázia

Australien

Austrália

Atlanten

Atlantický oceán

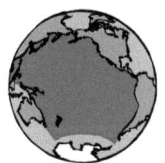

Stilla Havet

Tichý oceán

Indiska Oceanen

Indický oceán

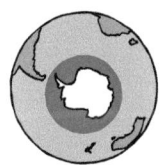

Antarktiska Oceanen

Južný oceán

Arktiska Oceanen

Severný ľadový oceán

Nordpol

Severný pól

Sydpol

Južný pól

Antarktis

Antarktída

Jorden

Zem

land

krajina

hav

more

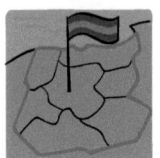

ö

ostrov

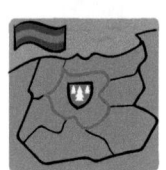

nation

národ

stat

štát

urtavla

ciferník

timvisare

hodinová ručička

minutvisare

minútová ručička

sekundvisare

sekundová ručička

Vad är klockan?

Koľko je hodín?

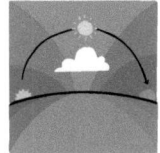

dag

deň

tid

čas

nu

teraz

digital klocka

digitálne hodiny

minut

minúta

timme

hodina

vecka
týždeň

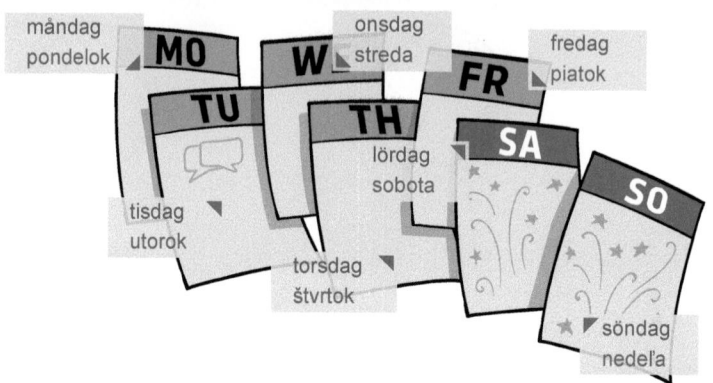

måndag / pondelok
onsdag / streda
fredag / piatok
tisdag / utorok
torsdag / štvrtok
lördag / sobota
söndag / nedeľa

igår
....
včera

idag
....
dnes

imorgon
....
zajtra

morgon
....
ráno

middag
....
poludnie

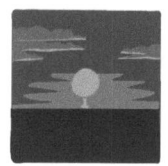

kväll
....
večer

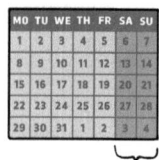

MO	TU	WE	TH	FR	SA	SU
1	2	3	4	5	6	7
8	9	10	11	12	13	14
15	16	17	18	19	20	21
22	23	24	25	26	27	28
29	30	31	1	2	3	4

vardagar
....
pracovné dni

MO	TU	WE	TH	FR	SA	SU
1	2	3	4	5	6	7
8	9	10	11	12	13	14
15	16	17	18	19	20	21
22	23	24	25	26	27	28
29	30	31	1	2	3	4

helg
....
víkend

år

rok

regn
dážď
regnbåge
dúha
snö
sneh
vind
vietor
vår
jar
höst
jeseň
sommar
leto
vinter
zima

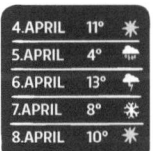

4.APRIL 11°
5.APRIL 4°
6.APRIL 13°
7.APRIL 8°
8.APRIL 10°

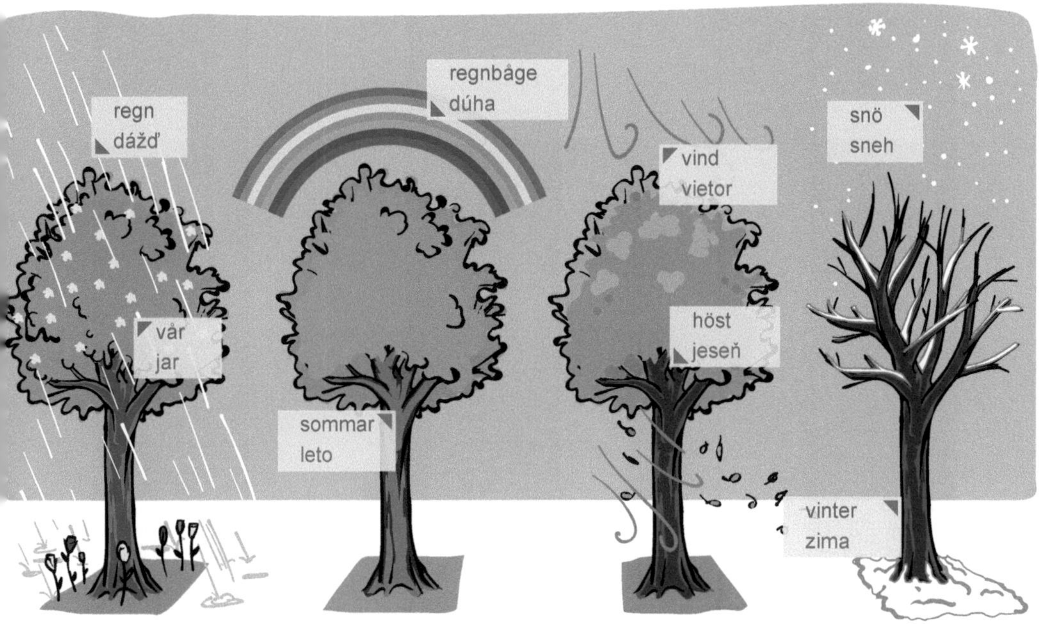

väderprognos

predpoveď počasia

F
C
120
90
60
30
0
-30
40
30
20
10
0
-10
-20

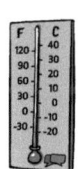

termometer

teplomer

solsken

slnečný svit

moln

oblak

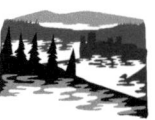

dimma

hmla

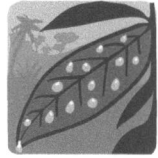

luftfuktighet

vlhkosť vzduchu

blixt

blesk

åska

hrom

storm

búrka

hagel

krúpy

monsun

monzún

översvämning

záplava

is

ľad

januari

január

februari

február

mars

marec

april

apríl

maj

máj

juni

jún

juli

júl

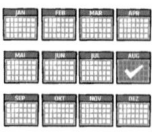

augusti

august

september
....
september

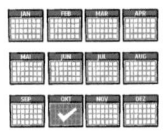

oktober
....
október

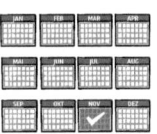

november
....
november

december
....
december

former
tvary

cirkel
....
kruh

kvadrat
....
štvorec

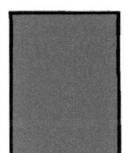

rektangel
....
obdĺžnik

triangel
....
trojuholník

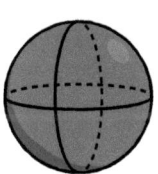

sfär
....
guľa

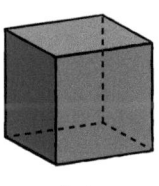

kub
....
kocka

vit

biela

gul

žltá

orange

oranžová

rosa

ružová

röd

červená

lila

fialová

blå

modrá

grön

zelená

brun

hnedá

grå

šedá

svart

čierna

mycket / lite

veľa / málo

arg / lugn

zúrivý / pokojný

vacker / ful

pekný / škaredý

början / slut

začiatok / koniec

stor / liten

veľký / malý

ljus / mörk

svetlý / tmavý

bror / syster

brat / sestra

ren / smutsig

čistý / špinavý

komplett / ofullständig

úplný / neúplný

dag / natt

deň / noc

död / levande

mŕtvy / živý

bred / smal

široký / úzky

ätlig / oätlig

chutný / nechutný

ond / god

zlostný / láskavý

upphetsad / uttråkad

vzrušený / unudený

tjock / smal

tlstý / chudý

först / sist

prvý / posledný

vän / fiende

priateľ / nepriateľ

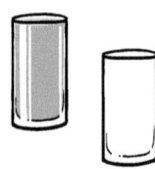

full / tom

plný / prázdny

hård / mjuk

tvrdý / mäkký

tung / lätt

ťažký / ľahký

hunger / törst

hlad / smäd

sjuk / frisk

chorý / zdravý

olaglig / laglig

nelegálny / legálny

intelligent / dum

inteligentný / hlúpy

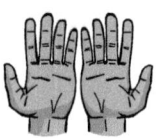

vänster / höger

vľavo / vpravo

nära / långt bort

blízko / ďaleko

ny / begagnad

nový / použitý

inget / något

nič / niečo

gammal / ung

starý / mladý

på / av

zapnuté / vypnuté

öppen / stängd

otvorené / zatvorené

tyst / högljudd

tichý / hlasný

rik / fattig

bohatý / chudobný

rätt / fel

správne / nesprávne

grov / slät

drsný / hladký

ledsen / glad

smutný / šťastný

kort / lång

krátky / dlhý

långsam / snabb

pomaly / rýchlo

våt / torr

mokrý / suchý

varm / sval

teplý / studený

krig / fred

vojna / mier

siffror

čísla

0

noll

nula

1

ett

jeden

2

två

dva

3

tre

tri

4

fyra

štyri

5

fem

päť

6

sex

šesť

7

sju

sedem

8

åtta

osem

9

nio

deväť

10

tio

desať

11

elva

jedenásť

12

tolv
dvanásť

13

tretton
trinásť

14

fjorton
štrnásť

15

femton
pätnásť

16

sexton
šestnásť

17

sjutton
sedemnásť

18

arton
osemnásť

19

nitton
devätnásť

20

tjugo
dvadsať

100

hundra
sto

1.000

tusen
tisíc

1.000.000

miljon
milión

engelska

angličtina

amerikansk engelska

americká angličtina

kinesisk mandarin

mandarínska čínština

hindi

hindčina

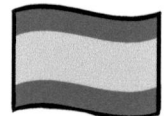

spanska

španielčina

franska

francúzština

arabiska

arabčina

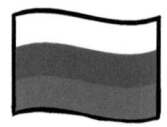

ryska

ruština

portugisiska

portugalčina

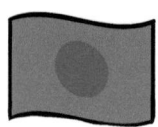

bengali

bengálčina

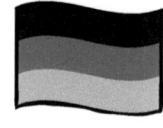

tyska

nemčina

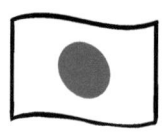

japanska

japončina

jag

ja

du

ty

han / hon / den (det)

on/ona/ono

vi

my

ni

vy

de

oni

vem?

kto?

vad?

čo?

hur?

ako?

var?

kde?

när?

kedy?

namn

meno

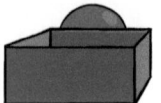

bakom

za

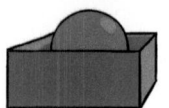

i

v

framför

pred

över

nad

på

na

under

pod

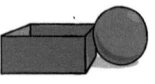

bredvid

vedľa

mellan

medzi

plats

miesto